TEMPESTADE DE
som e fúria
ADRIANA SIMÃO

TEMPESTADE DE
som e fúria
ADRIANA SIMÃO

LETRAMENTO

Copyright © 2023 by Editora Letramento
Copyright © 2023 by Adriana Simão

Diretor Editorial Gustavo Abreu
Diretor Administrativo Júnior Gaudereto
Diretor Financeiro Cláudio Macedo
Logística Daniel Abreu e Vinícius Santiago
Comunicação e Marketing Carol Pires
Assistente Editorial Matteos Moreno e Maria Eduarda Paixão
Designer Editorial Gustavo Zeferino e Luís Otávio Ferreira
Ilustração da capa Stephanie D'Elboux
Revisão textual Julia Castilho

Todos os direitos reservados. Não é permitida a reprodução desta obra sem aprovação do Grupo Editorial Letramento.

Dados Internacionais de Catalogação na Publicação (CIP)
Bibliotecária Juliana da Silva Mauro - CRB6/3684

S588t	Simão, Adriana
	Tempestade de som e fúria / Adriana Simão. - Belo Horizonte : Letramento, 2023.
	138 p. ; 14 cm x 21 cm.
	ISBN 978-65-5932-377-7
	1. Poesia. 2. Autoconhecimento. 3. Emoções. 4. Playlist. I. Título.
	CDU: 82-1(81)
	CDD: 869.91

Índices para catálogo sistemático:
1. Literatura brasileira - Poesia 82-1(81)
2. Literatura brasileira - Poesia 869.91

LETRAMENTO EDITORA E LIVRARIA
Caixa Postal 3242 – CEP 30.130-972
r. José Maria Rosemburg, n. 75, b. Ouro Preto
CEP 31.340-080 – Belo Horizonte / MG
Telefone 31 3327-5771

A vida é uma história contada por um idiota, cheia de som e de fúria,

sem sentido algum.

William Shakespeare

SUMÁRIO

13	**PRÓLOGO**	15	**NOTA DA AUTORA**

Lado A

18	26/01/22 4'45" VIA CON ME – PAOLO CONTE	30	12/05/22 5'25" TUESDAY FRESH CUTS – BREE TRANTER
19	07/06/22 3'41" UNCONDITIONAL II (RACE AND RELIGION) – ARCADE FIRE	31	17/05/22 3'19" COFFEE COLD – GALT MACDERMOT
20	01/06/22 3'36" HELLO – LIAM GALLAGHER (LIVE)	32	28/04/22 3'05" TO ULRIKE M. – DORIS DAYS, ZERO 7
21	30/05/22 3'06" LAST NIGHT WHEN WE WERE YOUNG – MADELEINE PEIROUX	33	23/04/22 2'55" THE INFANTA – THE DECEMBERISTS
		34	07/04/22 4'30" WEEK-END À ROME – NOUVELLE VAGUE
23	27/05/22 2'36" SONGBIRD – OASIS	35	11/03/22 3'48" GETTING SOME FUN OUT OF LIFE – MADELEINE PEYROUX
24	26/05/22 4'34" DON'T DELETE THE KISSES – WOLF ALICE		
25	25/05/22 2'04" TOO GOOD – ARLO PARKS, UNKNOWN MORTAL ORCHESTRA	36	02/08/21 3'40" I LOVE NYE – BADLY DRAWN BOY
		37	28/07/21 5'22" MORE THAN EVER PEOPLE – LEVITATION
26	30/06/22 3'42" HEART IT RACES – DR DOG	38	06/07/21 3'41" WALKING THE DOG – GIANO, MICHAEL KNIGHT
28	21/05/22 2'53" SILK CHIFFON – MUNA, PHOEBE BRIDGERS		
29	19/05/22 3'45" SEARCH AND DESTROY (COVER) – FLORENCE + THE MACHINE	39	28/06/21 4'40" SHADOWBOXER – FIONA APPLE
		40	27/06/21 5'38" DON'T WAIT TOO LONG – MADELEINE PEYROUX

41	03/07/22 2'55" COSMIC LOVE – FLORENCE + THE MACHINE	54	20/06/21 3'04" YOU DON'T OWN ME – LESLEY GORE
42	05/07/22 3'24" TIME TO PRETEND – MGMT	55	11/06/21 3'03" LOVE SONG – HELADO NEGRO REMIX
43	05/05/21 3'37" SHADOWBOXER – FIONA APPLE	56	26/05/21 3'31" UNTOLD – ADAM SELZER
44	06/07/22 4'56" WHOLE WIDE WORLD – BAHAMAS	57	22/11/22 2'55" REDEMPTION SONG – BOB MARLEY & THE WAILERS
46	02/05/21 4'04" GOLD – CHET FAKER	58	21/11/22 2'58" PERTH – BEIRUT
47	30/04/21 4'17" CALIFORNIA SOUL – MARLENA SHAW	59	07/12/22 2'42" JE VEUX – ZAZ
48	29/04/21 5'16" BETTE DAVIS EYES – KIM CARNES	60	19/11/22 2'21" UNAVAILABLE – PAPERCUTS
49	28/04/21 3'19" SUNDAY (THE DAY BEFORE MY BIRTHDAY) – MOBY	61	23/11/22 1'51" ELEPHANT GUN – BEIRUT
50	21/04/21 5'12" BAD BAD NEWS – LEON BRIDGES	62	30/08/21 3'06" BAD BAD NEWS – LEON BRIDGES
51	19/04/21 4'15" GET ME AWAY FROM HERE, I'M DYING – BELLE AND SEBASTIAN	63	30/01/23 2'25" BLISTER IN THE SUN – VIOLENT FEMMES
		65	13/01/22 2'27" LITTLE BIRDS – NEUTRAL MILK HOTEL
53	16/01/22 4'00" ANGEL CITY – HELICOPTER GIRL	66	29/06/22 4'01" EM BELFAST CICADA (FEAT ARCA) – SEGA BODEGA, ARCA

68 12/01/23 2'11"
    YOUTH – FOXES

69 10/01/23 2'17"
    NORTHERN SKY
    – NICK DRAKE

70 31/12/22 3'01"
    MARCHING BANDS OF
    MANHATTAN – DEATH
    CAB FOR CUTIE

71 30/12/22 2'52"
    CHASING CARS –
    SOFI TUKKER

72 26/12/22 2'45"
    WATER UNDER THE
    BRIDGE – ADELE

74 09/07/22 3'23" ENTRE
    DUBLIN E LONDRES
    THIS MODERN LOVE
    – BLOC PARTY

76 05/07/22 EM CORK
    TIME TO PRETEND
    – MGMT

77 10/08/21 3'33"
    YOU STARTED IT
    ALL – RON BASEJAM
    REWORK

78 16/08/21 3'35"
    MUY TRANQUILO
    – GRAMATIK

79 18/08/21 4'41"
    NEW LOVE CASSETTE
    – ANGEL OLSEN

80 17/08/21 3'15"
    MADAME HOLLYWOOD
    – MISS KITTIN

81 23/08/21 6'03"
    BOOTY SWING –
    PAROV STELLAR

82 13/06/22 4'02"
    SAEGLÓPUR –
    SIGUR RÓS

83 13/04/22 2'32"
    I'M IN LOVE WITH A
    GERMAN FILM STAR
    – NOUVELLE VAGUE

84 08/04/22 4'10"
    THE ROAD IS
    LONESOME – CLUB
    DES BELUGAS,
    ANNA LUCA

85 06/04/22 4'10"
    I TRIED SO HARD
    – NIGHT WORKS

86 16/05/22 5'05"
    EXCHANGE –
    MASSIVE ATTACK

87 07/07/21 4'07"
    AGITATIONS
    TROPICALES –
    L'IMPERATRICE

88 09/05/22 3'41"
    SOMETHING ABOUT
    YOU – EYEDRESS,
    DENT MAY

89 12/07/21 3'41"
    WALKING THE
    DOG – GIANO,
    MICHAEL KNIGHT

90 25/12/22 3'01"
    MARY CRISTO –
    TRIBALISTAS

Lado B

Para Cristina Wollenberg
92   08/07/22 3'48"
SOBRE O TEMPO
– PATO FU

Para Fernando Velloso
93   06/06/22 3'32"
ENTRE DOS AGUAS
– PACO DE LUCIA

Para Renata Cavallari
95   02/06/22 3'02"
LITTLE WING –
JIMI HENDRIX

Para Renata Cavallari
96   28/05/22 2'49"
AIN'T GOT NO, I GOT
LIFE – NINA SIMONE

Para Lorena Saraiva
97   03/06/22 3'20"
BUDAPEST –
GEORGE EZRA

Para Aline Bei
98   31/05/22 4'47"
VOLANT (BONUS) –
SEBASTIAN PLANO

Para Vanessa Cadamuro
100   29/05/22 3'40"
EXILE – TAYLOR
SWIFT, BON IVER

101   28/05/22 4'10"
EXILE – TAYLOR
SWIFT, BON IVER*

Para Vanessa Cadamuro
102   28/05/22 2'47"
FREE – FLORENCE
+ THE MACHINE

Para Aline Rosa
103   28/05/22 3'57"
CRUISIN – HUEY
LEWIS, GWYNETH
PALTROW

Para Luana Rodrigues
104   28/05/22 3'45"
AINDA HÁ TEMPO,
PRECISO ME
ENCONTRAR –
CRIOLO E CARTOLA

Para Vanessa Motta
106   28/05/22 3'57"
CRASH AND BURN –
SAVAGE GARDEN

Para Delza Assis
107   28/05/22 4'25"
DECADENCE –
PAOLO BUONVINO

Para Marcelo Palermo
109   28/05/22 2'43"
OBLIVION – GRIMES

Para Douglas de Souza
110   28/05/22 5'03"
PASSOVER – JOY
DIVISION

Para @escritaparaotuos
112   28/05/22 3'22"
LAKE – ROLAND
FAUNTE

Para Fernanda Formoso
113   28/05/22 3'00"
A SETA E O ALVO –
PAULINHO MOSKA

Para Fernanda Gassi
114   24/07/22 3'05"
FITZCARRALDO
– THE FRAMES,
GLEN HANSARD

Para Natália Areia
115   03/08/22 2'22"
CHINESE FOUNTAIN
– THE GROWLERS

Para @poeticosuspiro
116   17/02/23 3'07"
AGAIN – LENNY
KRAVITZ

Para Claudia Cavallini
117   07/09/22 1'59"
SWEET CHILD O'MINE
– GUNS N' ROSES

Para Aline Rosa
118   03/02/23 3'46"
WHO KNEW – P!NK

Para Cristina Wollenberg
119   23/01/23 2'56"
GOOD AS HELL – LIZZO

Para Fernanda Formoso
120   18/01/23 2'56"
FUN OUT OF LIFE –
MADELEINE PEIROUX

Para Vanessa Motta
121   17/01/23 2'52"
INK – COLDPLAY

Para Renato Orlandin
122   20/01/22 2'25"
CRASH INTO
ME – DAVE
MATTHEWS BAND

Para Vanessa Cadamuro
123   16/01/23 3'15"
PULL SHAPES –
THE PIPETTES

Para Camila Ferrari
124   11/02/23 2'34"
DISARM – SMASHING
PUMPKINS

Para Alexandre Cardeal
125   07/03/23 2'18"
SOLDIER OF LOVE
– PEARL JAM

Para Marcelo Palermo
126   13/02/23 3'17"
YOU WANT IT DARKER
– LEONARD COHEN

Para Renata Cavallari
127   15/01/23 3'03"
CREEP – RADIOHEAD

Para Renata Cavallari

128	15/01/23 3'03" THE GREAT GIG IN THE SKY – PINK FLOYD

Para Renata Timoteo

130	14/02/23 2'36" BABY – OS MUTANTES

Para Fernando Velloso

131	16/02/23 4'00" ROUNDABOUT – YES

Para Stephanie D'Elboux

132	20/03/22 4'53" ONDE O JAGUAR ESPREITA – ADVAN HASCHI

Para Raquel Xavier

133	16/02/23 2'19" ONE DAY – MATISYAHU
134	**AGRADECIMENTOS**
135	**SOBRE A AUTORA**
136	**PLAYLIST**

PRÓLOGO

o que a ansiedade e a criatividade têm em comum? há quem diga que a imaginação.

embora com mais frequência a ansiedade nos assombre com um futuro caótico, às vezes, basta um estímulo para olhar acima do carrossel de promessas catastróficas e resgatar o respiro e o aqui-e-agora ou usar a imaginação com um foco criativo.

em 2021, durante um processo de autoconhecimento, recebi a sugestão de colocar uma música para tocar e deixar fluir para o papel o que viesse à mente. veio muita coisa. emoções jorradas, muitas vezes desordenadas. outras vezes, mensagens cifradas com uma pontinha de conselho; mas sempre uma pausa para o emaranhado de pensamentos que pegaram a rota da criatividade onde, antes, o destino certo era a ansiedade.

esse exercício se tornou bússola e passou a me fazer companhia diariamente. com o passar do tempo, a prática foi se lapidando e os textos ganhando forma de poesia mas, desde o início, a escrita se encerra no tempo de uma canção – ou um pouquinho mais – rendendo imagens cadenciadas em versos livres.

este livro torna concreta a descoberta dessa experiência. uma coletânea de poemas escritos a partir de *playlists* variadas ou de canções indicadas no perfil do instagram, @drisimaoficial – dentre elas, uma música-provocação sugerida pela querida Aline Bei, autora de *O peso do pássaro morto*, com quem compartilhei a ideia do projeto.

como se fosse uma fita K7, a obra se divide em dois capítulos: Lado A e Lado B. resgatando um passado recente, onde reunia nestas fitas uma seleção cuidadosa de músicas para presentear alguém, elejo, na primeira parte, textos escritos a partir de canções das minhas *playlists* favoritas e, na outra, poemas que nasceram com as músicas sugeridas através da rede social.

espero que "tempestade de som e fúria" seja calmaria, um respiro e um presente no seu dia. para se perder (ou se encontrar) sem se preocupar com a areia da ampulheta nem o avançar dos ponteiros. para ler e ouvir junto com as músicas de inspiração. para ler em silêncio. para sentir.

ADRIANA SIMÃO

NOTA DA AUTORA

os poemas estão organizados nos capítulos "Lado A" e "Lado B" e apresentam a mesma estrutura de título composto pela data, minutos e segundos em que foram escritos – alguns deles mencionam, em particular, a cidade em que estava localizada, quando não, referem-se exclusivamente à cidade de São Paulo – e logo a seguir, é indicada a música que serviu de inspiração. em particular no "Lado B", a dedicatória para quem o poema foi escrito antecede o título padrão. a ordem dos poemas não segue a cronologia de sua escrita, mas uma sequência aleatória das músicas que embalaram o processo, criando uma atmosfera de *playlist*.

LA
DO
A

26/01/22 4'45"
via con me – paolo conte

sentada no batente
da vida
observando
o cão miúdo
latindo desprezo
e medo
da própria história
abandonada
vê também
um palhaço
empinando a dor
na ponta do nariz
vem logo ali
um urso gigante
segurando
no seu tamanho
todo o talento
que não ousa mostrar
sobe a rua adiante
um equilibrista zonzo
embriagado
na tristeza
do amor perdido
vem rasgando
na multidão
um arlequim
de semblante tristonho
distribuindo a paz
que conseguiu
limpando o caminho
e aprendendo
a brilhar

07/06/22 3'41"
unconditional II (race and religion) – arcade fire

aquela aventura
de outra época
marcada na memória
e na intenção
de vencer
o passar do tempo
colecionando
troféus fotográficos
esperando
a nova ordem
de pintar e bordar
trazendo cor
e o sentido
pra seguir
em frente com
polaroides valiosas
e histórias pra
se orgulhar
unindo alma,
mente
e contradição
das vitórias forçadas
entre tantas outras
merecidas
formando
um caleidoscópio
labiríntico
de ser
quem se é

01/06/22 3'36"
hello – liam gallagher (live)

lembra dos sonhos
despedaçados
dos pulsos
cruzados
da falta
de compreensão
da raiva como tábua
de destruição
tempos de luta
de punhos cerrados
e coturnos esmagando
sonhos coloridos
em coleção
vezes que se cai
e empunha coragem
pra ir a campo
soltando sabedoria
à queima-roupa
em palavras
que não evaporam
colhe os destroços
e os recomeços
junta o quebra cabeça
à beira da estrada
pedindo carona
pro capítulo final

30/05/22 3'06"
last night when we were young – madeleine peiroux

ladeira
que sobe
que passa
e chega
no final
da estação
sem direção
provoca
distração
e desorienta
a opção
de ir e partir
embarca
na contramão
do farol amarelo
do susto que se esquiva
da sorte pela qual reza
por horas
e travessas jogadas
escada abaixo
espera ser uma onda
no mar de provocação
sonha com o destino
tranquilo
desenhado
na palma da mão
se despede
do vínculo
ancorado
em papel passado
rasgado

em mil pedaços
e agarra a vida
suspensa
no balão

27/05/22 2'36"
songbird – oasis

vence a etapa
cerrada
em uma vida
sem graça
abre a caixa
de pandora
pela fresta
pra buscar
só a esperança
tropeça
na missão
e libera também
sua caótica versão
que a tiracolo
insiste
em ser
presente
quando iminente
fecha o olho
e abre
o pensamento
pra ganhar palco
e criar
novas possibilidades

26/05/22 4'34"
don't delete the kisses – wolf alice

corre um gelado
na espinha
uma onda
que já foi marolinha
cresceu rápido
e desigual
sente uma
sinapse em curto
a faísca ascende
e acende
a lâmpada
da imaginação
devolve paz
e aquece os pés
começa de baixo
e ebule fácil
evaporando
a lembrança azul
de dias de medo
e solidão
traz novas cores
e um pincel ativado
pela intenção
desenha um
caminho quentinho
com jujuba
e *marshmallow*
e congela a nova
memória então

25/05/22 2'04"
too good – arlo parks, unknown mortal orchestra

viagem
em ar aberto
parcelado
em conta gotas
fragiliza o respirar
os pingos nos is
os pontos finais
suspensos
quando
a inspiração é
um gole
de salvação
e esperar
pelo próximo
é não pensar
o oxigênio contado
pausa o caminho
e desvia
da vida
que sonhou
um dia
alcançar

30/06/22 3'42"
heart it races – dr dog

sorte de quem vence
um dragão por dia
sem se importar
com a chama
da palavra atirada
sem voltar atrás
no espaço
e na profundidade
de um oceano
ventilante
que vira
tornado
anunciado
na estação
do ano
perdida
em desencontros
agendados
sem roupa
de gala
pra soltar
a formalidade
do tempo
que pausa
suspenso
por meio segundo
o suficiente
pra enxergar
um caminho
menos pesado
e sonhar
um pouquinho

sem a turbulência
da inocência
perdida
na contradição

21/05/22 2'53"
silk chiffon – muna, phoebe bridgers

estranho seria
aparecer
sem convite
no enquadramento
de peças coloridas
sendo tão preto
no branco
quando a dualidade
amolece
e insiste
em ser cinzento
esquece que
neutralidade
não faz amizade
se não misturar
entrelaçar então
dissolve a formalidade
e combina
os pigmentos
vibrantes
que dançando
se juntam
a cada movimento
e iluminam
ou acentuam
o tom
formando
uma só coleção

19/05/22 3'45"
search and destroy (cover) – florence + the machine

rosa dos ventos
moinhos de tempos
sopram pra longe
a direção
do que vai e
do que fica
na memória
da contradição
rodopia uma nota
move uma hélice
pra frente e
traz pro centro
a tal indagação
pausa um segundo
captura o momento
levanta a poeira
da história guardada
em baú afundado
na paz
do inconsciente

12/05/22 5'25"
tuesday fresh cuts – bree tranter

sentido norte
sentimento árido
rasga o peito e
lança ao vento
palavras secas
que se atreveram
a aparecer
pega a ideia
nas mãos e
corre pra juntar
os grãos
que espalham
pedacinhos em
intenção sofrida
que brotam
da desnutrição
do acalento
que guarda
impregnado e
pequenino
na memória
de tempos em que
a garoa fina
revoava
vez ou outra
de surpresa

17/05/22 3'19"
coffee cold – galt macdermot

desce
o movimento
molhado
o lacrimejar
que invade
o olho
devagar
e pausa
o pensamento
e o pesar
que se dissolve
a cada gota
e libera
o nó invisível
que sufoca
a alma
e gota a gota
encontra a chave
que buscava
atenta
no olhar
e dispersa
em enxergar
a virtude
de pandora
feliz se
apresenta então
depois
da transformação

28/04/22 3'05"
to ulrike m. – doris days, zero 7

a fonte sonora
da juventude perdida
em um *mixtape* míope
por canções
em pedaços seguidos
em ritmos ecléticos
desconexos
agora
pare!
busca uma lembrança
em cada fragmento
brota a novidade
do momento
ascende à consciência
rejuvenesce uma célula
depois outra
e mais outra
e cada uma
acende feliz
no ritmo
do coração
iluminado

23/04/22 2'55"
the infanta – the decemberists

digamos
que expanda
que encolha
depende de
quem olha e
do ângulo e
do âmbito e
da escala e
da soltura e
do contraste
beba-me e
veja logo
no que vai dar
descubra-te ou
te devoro
antropofagia e
também alergia
que repele
o encanto
ao digerir
as palavras
não ditas
apenas sentidas
agora que
somos um

07/04/22 4'30"
week-end à rome — nouvelle vague

inspire o vento
do norte
do futuro imaginado
na lembrança
do passado
que apontava
a direção
do certo
em vez do fácil
abraça forte
a inspiração
do momento
e rabisca
no horizonte
em traços leves
e largos
o sorriso de quando
alcançar
e reunir
os elementos
mais bonitos
pra viver
a história
do seu jeito
abre bem o olho
e enxerga
o futuro
que rasga o verbo
e o presente
traz calma
organizando
cada sentimento
em seu lugar

11/03/22 3'48"
getting some fun out of life – madeleine peyroux

o que sobra
o que falta
o que sonha
escondida
o que deixa pra trás
o que tem nas mãos
e não quer mais
o que vence
na escuridão
e chora quietinho
o que pensa em ser
e já não é mais
o que pesa
e sai correndo então
o que resgata
em outra estação
o que descobre
sem nem imaginar
o que pausa
pra respirar
o que vibra
o que move
o que encontra
no caminho de volta
pra dentro

02/08/21 3'40"
I love NYE – badly drawn boy

sabe?!
sobe o morro
no penhasco
uiva
grita forte
e deixa sair
palavras
notas musicais
num som grave
estridente
tira de dentro
o que te prende
vai leve
que dá e rende
mais uma vida
mais uma história
mais um sonho
olha lá de cima
veja o coração
e o mundo
que se formou
só de olhar
deixa sair
a beleza
a emoção
tudo o que fecha
em si
tudo o que há
de matéria-prima
de força
de rascunho
risco e rabisco
pro mundo a se formar
dentro de ti

28/07/21 5'22"
more than ever people – levitation

bate uma saudade
uma vontade magna
de correr pro colo
daquele tempo
que não se esperava
a vida era escrita
palavra a palavra
sem causa e efeito
sem caso pensado
volta e rebobina a vida
que pulsava livre
vê o sono leve
o riso alegre
o compromisso
sem papel timbrado
assinado em cinco vias
sente que a vida dupla
está em mão contrária
e já não sabe dirigir
respira
e coloca em perspectiva
o coração

06/07/21 3'41"
walking the dog – giano, michael knight

solta a corda
o laço que amarra
a alma
a calma forçada
o sonho enrustido
que não sai da cozinha
vai pra sala
o pé direito amarelo
que aponta pro teto
traz luz
à luz das ideias
um papo reto, torto
diagonal
decifra-te ou
te engulo vivo
não brinque comigo assim
de roda viva
roda gira a fortuna
vem pra cima
e já volta pra baixo
de novo
espere a roda girar
lá vem o céu
logo mais
logo atrás
outra vez

28/06/21 4'40"
shadowboxer – fiona apple

flores aparecem
no campo de batalha
enlutam e lutam
pelo pedaço de atenção
e amenizam a situação
quando tudo
é calor
é fogo
inflama a garganta
solta palavras
cuidado:
tenha atenção
ao falar labaredas
não existe sensação
mais elevada
que a cinza
de uma conversa
oxigenada
quando o fogo evapora
e só fica o foco
do que se disse
é o que se guarda
na mente
que evapora
e vira ensinamento
em pó

27/06/21 5'38"
don't wait too long – madeleine peyroux

centro do universo
um ponto lá longe que
nem a velocidade da luz
é capaz de alcançar
vem aqui
olha o horizonte
é divertido
tem algodão doce
tem sorvete
tem jujuba
que cor de M&M's você prefere?
senta
aproveita um pouco
o colorido e a doçura
de não saber
se o amanhã
será verde ou azul
você espera o amarelo
eu sei
brinca
lembra de correr um pouco
pular amarelinha
de não se pré-ocupar
com o sabor do amanhã
lembra que gosto
vem da surpresa
e da memória
que toca o coração
e desperta a mente

03/07/22 2'55"
cosmic love – florence + the machine

vontade de seguir
o contrato
dado como morto
ventilando
palavras malfeitas
escritas em
outra estação
roupagem
do que bate
tecla a tecla
inventando a atmosfera
da emoção perdida
buscada como
tesouro precioso
cortada à tesoura
montada
sem culpa
do que
se desenhou
e encontrou
em meios riscados
em tombos contados
em rostos virados
pra direção certa
em moeda esculpida
pelo tempo
do que já não vale
nem um tostão
quando muito
um beliscão
pra acordar
no susto
e voltar a sorrir

05/07/22 3'24"
time to pretend – mgmt

vem um sopro
um soco
um arrepio
que entorta pensamento
que faz crescer a paz
num lampejo de esperança
que nasce
na comunicação
certeira
e duvidosa
que grita enquanto
o bonde rasga
a avenida empilhada
em sonhos condensados
em verdades colhidas
botão em botão
pra fechar um buquê
de luzes
que iluminarão
a próxima geração
quantos braços
caem então
pra suspender
a errada
decisão?

05/05/21 3'37"
shadowboxer – fiona apple

brisa
ventania
não se demore
volta e meia
é outra coisa
é um giro
um olhar
um piscar de olhos
e mais
se vai
vira a página
respira
e acorda
em outro lugar
é tudo tão diferente
e tão familiar
é como se
nada tivesse saído do lugar
é sim
um intervalo entre a vida
e a entre-vida
esse aprendizado efêmero
não se demore
em aprender
assopre esse ensinamento
pro mundo
pro entre-mundo
vira uma página na história
que seja breve o descanso
pisca o olho novamente
acorda
é hora de recomeçar

06/07/22 4'56"
whole wide world – bahamas

som assim
assado
roubado
do contexto
da vida
que voa leve
feito folha
que desgruda
do galho
livre cria
sua própria
paisagem
volta e meia
rodopia
desenha
outro horizonte
que grudada
ao fio
da essência
não esquece
a referência
honra seu caminho
desenhado
pelo ar
e esquece
o frio na espinha
e volta a sonhar
quando
num dia
o verde
envelhece
e ganha

história
e renasce
outra vez
no tempo
que clama
por tons amenos
e ancestrais

02/05/21 4'04"
gold – chet faker

um sono tranquilo
um sonho
que não se imagina
uma realidade virtual
guiada
pautada
no concreto da via
que se esgueira
firme e fria
na noite
e no dia
quando se tem
mais mágica
perdida na cartola
e nada vem
e não se vê
luz no fim
da rua
do túnel
do caminho
é fim da linha
levanta
acorda
segue um poste
um farol lá em cima
aqui embaixo
torce o dorso frio
no asfalto
que se eleva
pra outra luz
aquela
que não se vê

30/04/21 4'17"
california soul – marlena shaw

folha do pé
palma da mão
verde bandeira
baila na ventania
a cor se esconde
e aparece
mais escura
mais clara
quando baila
mais rápido
movimento do caule
da raiz
do comprimento
do pingo do orvalho
que repousa em silêncio
que segue firme
no movimento
firme e em repouso
aproveita a viagem
relaxa no balanço
baila pra lá
pra cá
vem sombra
vem cor viva
balança mas quase cai
liberta a gotícula
cai
explode
se multiplica no solo
é fim
é recomeço

29/04/21 5'16"
bette davis eyes – kim carnes

quietude
que se vale
do medo
é o pior tipo
se esgueira
por florestas cinzentas
encobertas
por copas fechadas
copas de vino
para sorver a alma
para fugir
e correr
pra um
lugar ameno
e mais alegre
dança comigo?
a música convida à vida
o movimento que existe
o que se esconde
na mata fechada
aparece
com brilho
e leveza
ao fim da canção
traz à tona quem
sempre existiu
dança comigo, então?

28/04/21 3'19"
sunday (the day before my birthday) – moby

construção
que empina
o prédio
sobre a pipa
colorida
arco-íris
de memórias tristes
do passado
já passou
é alegria agora
é mais que isso
é libertação
um sopro
um respiro
lembra quando
era difícil
sentir a leveza
sopra a pipa
voa longe
multicolorida
gira no ar de anil
vira catavento
cataluz alheia
e purifica
pra devolver mais brilhante
a luz que irradia junto
não cega
ilumina
vez ou outra
a gente se engana
mas a claridade
traz a verdade

21/04/21 5'12"
bad bad news – leon bridges

quanto tempo se espera
sem esperar
sem existir
sem resistir
sem dar a última palavra
que solta o nó
da garganta
da gravata
que desnuda a alma
em busca de calma
em território de paz
quando a guerra interna
se instaura
e vence a luz
que busca expandir
o pensamento
e atravessa fronteiras
que demarcam mundos
que não se cruzam
por uma besteira ou outra
por uma palavra mal dita
por um sentimento errado
por ser confuso e distante
quando a palavra une
e cessa a pólvora
pulverizada no ar
contaminado de estranhezas

19/04/21 4'15"
get me away from here, I'm dying
— belle and sebastian

cálice de fogo
de cristal
de resina barata
de entremeios
que se entrelaçam
que causam
confusão
tem alegria
e sadismo
e beleza
mas tem também
filosofia
de candelabro
de vela
de luz
interna
que ferve o sangue
a alma
que invade
o recinto
sem pedir permissão
licença de existência
apenas é o que é
e não se engane
é somente
uma bela visão
do que não se enxerga
pela transparência
pelo brilho que ofusca
que cega
que envaidece

desça o forro
e a cortina
hora de se retirar
se embebecer
de um véu desnudo
neutro
e isso é só o começo

16/01/22 4'00"
angel city – helicopter girl

somos vento
ventania que suspende o fôlego
impulsiona o fogo
na medida certa
e na medida errada
encerra a fúria
incandescente
somos água
que afoga
em tempestade
de copo meio vazio
somos labareda latejante
que ilumina
e transforma
matéria em lava
escorrendo destruição
somos terra
e não concreto
aqui nasce vida
permeada em solo fértil
somos nada
se o todo é pobre
em conexão
de tudo
que múltiplo
se divide

20/06/21 3'04"
you don't own me – lesley gore

escorre pela boca
o ditongo
o diálogo
o hiato
entre uma ponte
e outra
que se vê
de longe
com lupa
turva é a imagem
que colore
o centro
da Terra
que borbulha
que não explica
a frase
do começo
nem o verbo
nem a carne
que vira cinza
tão frágil
e se move
no assopro
do bafo quente
da fumaça
que se extingue
e sobe ao céu,
acalma
e começa
outra vez
de outro jeito
sem esquecer
quem se foi

11/06/21 3'03"
love song – helado negro remix

sorte é o que
se espera
cem vezes
sem fazer
sem produzir
sorte é o que
se espera ganhar
sem jogar
sem brincar
sem se mostrar
sorte é o que
se espera
cair do céu
mudar o destino
trazer a pessoa certa
a conta milionária
sem compromissos
sem esforços
sem buscas
sorte é o que
se espera da vida
sem viver

26/05/21 3'31"
untold – adam selzer

veste a vida inteira
uma capa falsa
um superpoder
de longe: forte
engana tão bem
quando acorda
no casulo
sem esse peso
apenas é o que é
traz de dentro
a força poderosa do pensar
que vive escondida por aí
sob uma linda veste
que não deixa passar
quem se é
que mostra
um dom
tão perfeito
tão frágil
solta essa moldura
já não precisa mais
segurar este peso
é hora de abandonar
o super-herói
e mostrar o que vem de dentro
novo em folha
frágil
forte
e tão essencial

22/11/22 2'55"
redemption song – bob marley & the wailers

fonte
inesgotável
um pulo
dobrado
a corda
que dá
volta
na vida
uma cambalhota
divertida
cai de pé
segura
a bandeja
na mão
serve
um discurso
enroladinho
em quilômetros
de paz
e esperança
abre
a alma
pra receber
a mensagem
e lavar
os pés
de sangue
derramado
enxuga
a lágrima
e sorri

21/11/22 2'58"
perth – beirut

retumbante
voo do pássaro
revolto
que colhe
seus ovos
e ensinamentos
no futuro
que não
se mede
na batida
de asas
inicial
volta e meia
visita
o ninho
e sente
a falta
de quem
não está ali
roda em
círculos
e pausa
o voo
quebra
a casca
e conhece
quem há
de reconhecer
e fazer morada
pra não
mais
voar

07/12/22 2'42"
je veux – zaz

sonho
que desce
e escorre
por paredes
trincadas
tapando
veios
e brilhando
cicatrizes
é hora
de acordar
e vibrar
na lembrança
da rachadura
preenchida
e sentir
a ação
pulsando
em novas
notas
venta
um novo
cenário
que se acomoda
leve
e fotografa
a transformação

19/11/22 2'21"
unavailable – papercuts

é pra driblar
o sono
e a fome
que castiga
as tripas
e dão nó
no pensamento
que delira
em dor
e escassez
e um brilhinho
que explode
longe
e salpica
a cena
derretendo
o polo
extremo
trazendo
um alento
pra esperar
pelo farelo
de pão
e voltar
a sonhar
até a próxima
refeição

23/11/22 1'51"
elephant gun – beirut

é rosa
que desabrocha
cedo
enfrenta
o medo
e carimba
o selo
da evolução
com espinhos
a furar
as mãos
de quem
se atreve
a cortar
o bem
pela raiz
explode
uma gota
que cai
no chão
e celebra
a ascensão

30/08/21 3'06"
bad bad news – leon bridges

roda a roleta
da alegria
cai em número
primo
ancião
ansioso de novidades alheias
já não lhe cabe sorrir
por si mesmo
e vê no outro
a forma de enfeitar
o coração
com um contentamento
decente
descendente
de família bastarda
ainda sorri
e não mede
esforços para sonhar
e acordar
dia após dia
sem desanimar

30/01/23 2'25"
blister in the sun – violent femmes

água forte
quando
bate
arranca
pena e
tradição
o sonho
espanta
a voz
enrustida
o som
surdo-mudo
do coração
que grita
baixinho
ritmado
tum-tum
sabe
você
dos
verbos
rasgados
palavras
maculadas
no sono
desperto
esperto
quem
solta
uma
e outra
corrente

pra brilhar
o pensamento
e o desespero
acalmar

13/01/22 2'27"
little birds – neutral milk hotel

vence
a batalha
do vento
sobre
o tempo
de partir
limões
e suavizar
o ácido
pra transformar
o pé após pé
em caminhar
constante
vez ou outra
olhando
pra trás
em busca
de inspiração
ou pra evitar
o tropeção
são todas
marcas
da evolução
pra fechar
o livro
por um instante
respirando
a lição

29/06/22 4'01" em Belfast
cicada (feat arca) – sega bodega, arca

vai
levanta a cabeça
sacode o espírito
tira o pó
do medo
da consciência
trata de vencer
um ponto
após o outro
e desmembrar
a cruz em
um só
respiro fundo
que abre
a alma
pro novo
que te espera
depois da porta
de ferro
que impõe respeito
e um leve desespero
quebra o gelo
e avança a maçaneta
para o lado certo
e o que aparece
destrava vidas
tuas, nossas
quando menos
se espera
é brilho
é revolução
e a calma

volta ao início
da questão
pra redescobrir
o tesouro escondido
na margem
desenquadrada
do amanhã
inseguro

12/01/23 2'11"
youth – foxes

respeita
o que desce
dobrando
a esquina
sorrindo
e amando
quem não
merece
abre portas
e portais
pra entrar luz
e um pouco
de refresco
iluminando
pai
filho
e flores
de alfazema
que perfumam
o caminho
de sensações
e lembram
porque
viver
vale
a pena

10/01/23 2'17"
northern sky – nick drake

relâmpago
de fogo
faz o verão
dos outros
quando molho
palavras
e cesso
a sede
do coração
que implacável
pulsa
na contramão
de ideias
fervilhantes
venta
um suspiro
do ártico
pra congelar
a mente
e o momento
que eterniza
a união
e inaugura
o olhar
da nação
todos juntos
na mesma
direção

31/12/22 3'01"
marching bands of manhattan – death cab for cutie

rodopia
num sonho
de caleidoscópio
acerta
uma imagem
um desenho
de purpurina lilás
gira
move
estrelas coloridas
passa
o pincel
de arco íris
pra renovar
o capítulo
riscado
em outra
estação
põe tinta
nas mãos
e desenha
no ritmo
do coração
enxerga
o cenário
move
a cena
no piscar
do olho
que tudo vê
e nada
pode se arrepender

30/12/22 2'52"
chasing cars – sofi tukker

rodeia
a fogueira
a chama
incendeia
o plano
evapora
goteja
em outra
estação
quando muito
entende
a missão
abre
espaço
acende
a lâmpada
lampeja
a ideia
relâmpago
materializa
o jornal
com nota
frase
e imagem
que espanta
e brilha
o olho
a lágrima
escorre:
é hora
de partir

26/12/22 2'45"
water under the bridge – adele

pausa
o tempo
e revela
o sopro
do gavião
que carrega
pra outra
estação
o fio
da barriga
que liga
céu
mar
e a terra
de quem
vive
no mundo
da lua
entre sono
e sonho
violeta
que abre
mundos
e esquenta
o pezinho
pra sorrir
quando
um pesadelo
leve
atormentar
e acordar

tão leve
pra enxergar
a nova
lição

09/07/22 3'23" entre Dublin e Londres
this modern love – bloc party

sorte de que
se vale
o vale
o abismo
a liberdade
que nasce
da queda livre
da esperança alcançada
no *leap of faith*
na largada
na arrancada desenfreada
na vontade
que brota
que ascende
ao espírito
e acende
o pensamento
veste a roupa
de gala
entrecortada
em retalhos
pungentes
e sentimentos ausentes
que se perdem
entre versos
indigentes
recebe o cetro
pra reviver
a paisagem
que ilumina dentro
e lembra um dedo
de autoridade

concedida
a duras plumas
que repousam agora
na esperança
de vingar o sonho
e estabelecer
a caminhada
apesar dos tropeços

05/07/22 em Cork
time to pretend – mgmt

vem um sopro
um soco
um arrepio
que entorta pensamento
que faz crescer a paz
num lampejo
de esperança
que nasce
na comunicação
certeira
e também
duvidosa
que grita enquanto
o bonde rasga
a avenida empilhada
em sonhos condensados
em verdades colhidas
botão em botão
pra fechar um buquê
de luzes
que iluminarão
a próxima geração
quantos braços
caem então
pra suspender
a errada
decisão?

10/08/21 3'33"
you started it all – ron basejam rework

solta o grito
da garganta
para e pensa
o que te move
o som
que vibra engasgado
é o que devia
te impulsionar
lembra que a energia
move o Tibet e
move também a ti
traz pra dentro
um ritmo
uma sequência
o que te espelha
e te revela
acorda pra um sonho
preso na mente
pensado a cada detalhe
liberta a criatividade
e deixa ver
pra onde leva
pra onde precisa ir

16/08/21 3'35"
muy tranquilo – gramatik

às vezes
o que aperta
o coração
não é a ausência
é saber que
não irá encontrar
de novo
o fogo
preenche a mente
e toca o estômago
por transmissão
por sensação
e antes de saber
já se instalou
uma vontade de correr
assim como a adrenalina
corre o corpo
a cada trilha
a cada veia
a cada respiro
e suspiro
que te impulsiona
e te faz ver
o que precisa
a cada raio de luz

18/08/21 4'41"
new love cassette – angel olsen

sobe um ponto
colorido no ar
lá longe
se vê vermelho
do binóculo
se vê losango
de real
se vê gigante
com fio até a terra
e rabiolas coloridas
no ar
brinca e resiste
e na resistência desvia
e dança
para um lado
segura a força no peito
e paralisa
outra hora cansa
e se esquiva
como alternativa
de longe
é só um ponto dançante
brincando de se perder

17/08/21 3'15"
madame hollywood – miss kittin

corre o pulso
forte
bombeia rápido
o fluido
acelera a sinapse
eletrizada
desperta o olhar
atenta a mente
e gela o coração
esfria o baixo ventre
e também
o estômago
em alerta
sente correntes
eletrizantes
pensa rápido
reage ao instinto
volátil
esquece de respirar
e então desperta

23/08/21 6'03"
booty swing – parov stellar

roda a vida
roda a saia no salão
bate o salto ritmado
no chão
chega ao bar
cheia de intenção
cruza o olhar no dele
que revela
um sorriso então
a mão flutua no ar
convida para o meio da pista
a nossa música, ela diz
os braços dela
cruzam a nuca dele
um pêndulo para a cintura
enquanto os pés
sabem bem onde ir
quando vê
os dois são únicos
no mesmo ritmo
na mesma energia
por alguns minutos
antes de despedir
e partir

13/06/22 4'02"
saeglópur – sigur rós

sente o sabor
do sal
tocar o palato
inundar a boca
de mar
e fechar o corpo
pro que bate
à porta
sem convite
molha a testa
em cruz
e respira firme
pra endurecer
o passo
na rota
desenhada
em outra época
corre por
entre lagos
lembra de
saber nadar
encostado
ao remo
que empina
força em
cada movimento
delicado e
alado
no tempo
que acende
esperança e
busca abrigo
onde puder
confiar

13/04/22 2'32"
i'm in love with a german film star – nouvelle vague

solta o tom
tinge as palavras
jorra uma atrás
da outra
certeiras
cadentes
estrela guia
brilha longe
no céu
e pulsa pertinho
do coração
cochicha baixo
ao ouvido
espera pra crer
veja com os
olhos do outro
o que reflete
justo o que
sempre foi
e o que
descobriu ser

08/04/22 4'10"
the road is lonesome – club des belugas, anna luca

vence a longa espera
do caminho encurtado
em dois passos
para o abismo
cria asas
e aprende
a amortecer
a queda
desviando do fim
reaprendendo a subir
percebe que
o penhasco
é o pequeno reflexo
do universo
e quebrar regras
é a passagem
oferecida pela evolução
é a carta na manga
despertando
a lição aprendida
em tempos ancestrais

06/04/22 4'10"
I tried so hard – night works

vence um dragão
desdentado
um sonho alado
um rosto alarmado
no fundo azul
desbotado
tira do bolso
a escolha
amarrotada
concebida
em outro tempo
enxerga
a vida projetada
em preto e branco
abre a cortina
da coragem
e traz as tintas
do caminho
abraça o dragão
medroso
e faz do sonho
a realidade
guardada em
outra estação

16/05/22 5'05"
exchange – massive attack

trouxe um discernimento
no bolso
um olhar vacilante
e mãos inquietas
que denunciam
meu estado
sua calma
angustia
e impede olhar
nos seus olhos
e te entregar
o presente
que trago:
a consciência
de entrada
e se gerar
lágrimas
de sobremesa
trouxe lenços
um mimo
pra depois
da transformação
te estendo
minha mão
e o pensamento
tranquilo
te encontra
entre as linhas
sinuosas da
minha palma
e da sua

07/07/21 4'07"
agitations tropicales – l'imperatrice

solda um tempo
no outro
gera uma estrada
sem fim
sem direção certa
a mão dupla
num vai e vem
de memórias
e desejos
acelerados
e arrastados
até não saber mais
onde se está
que horas são?
que dia lhe convém
aceitar?
quem você é
no tempo de hoje?
nas viagens diárias
ao passado?
quem era você
no futuro
que não lhe cabe?
solta o verbo
preso na garganta
solta o presente
de expectativas
vai estacionando devagar
divagando
no que tem diante de si

09/05/22 3'41"
something about you – eyedress, dent may

lembra
de respirar
de pausar
pra esquecer
da preocupação
que coça
feito pulga
e dispersa a mente
em pensamentos
formigantes
venta um tempinho
lá fora
e enquanto
a brisa leve durar
mais segura
você estará
trata de esticar
esses momentos
e trazer paz
por segundos
a mais
em passos certos
na direção
do destino escrito
na palma da mão

12/07/21 3'41"
walking the dog – giano, michael knight

cresce um sentimento
de uma nota só
uma lâmpada acende
ascende o pensamento
traz uma novidade
incubada
vem de cima abaixo
um sonho
um rabisco
nasce pelo caminho
de paralelepípedo
veste uma meia fofinha
pra não se machucar
e conta os passos
no movimento
nasce a ideia
brilha
e se mostra
como é

25/12/22 3'01"
mary cristo – tribalistas

abre
a caixinha
de pandora
vende sonhos
escondidos
no sono
inconsciente
limpa
a história
com a nova versão
nasce esperança
e uma pitada
de sol
pra lembrar
de cantar
e os males
espantar
no céu
espiral
que transforma
letras
em calma
e acorda
em paz

LADO B

Para Cristina Wollenberg

08/07/22 3'48"
sobre o tempo – pato fu

solta o tempo
corre o vento
sente o campo
molhado
fecha o olho
imagina o que
bem entende
e o que não
surpreende
abre um portal
de lugares
não imaginados
descobre a pista
guardada
no mural
decifra a chave
e devolve
do outro lado
espera a resposta
em código morse
vira fumaça
abre a caixa
de pandora
aos pés
da árvore
da vida
convida
a esperança
pra brotar
a semente
do novo mundo

Para Fernando Velloso

06/06/22 3'32"
entre dos aguas – paco de lucia

laranja doce
no pé da estrada
sob sol oscilante
leve é a tradição
do que esconde
na tradução
errada
do tempo
que faz curva
a cada milímetro
percorrido
tente encarar
a paisagem
como a lembrança
mais pura
pra se guardar
e abrir
em tempos cinza
o brilho
da manhã feliz
de tempos onde
a escolha certeira
era a pausa iminente
recolher traços
e cacos
que se escondem
no tempo
da vida que passa
de carona
em cada rodopio

no movimento
e na memória
sem fim

Para Renata Cavallari

02/06/22 3'02"
little wing – jimi hendrix

é tempo
que não
se encerra
quando
a gota
deságua
no oceano
infinita é
a tradição
de ir e vir
não importa
a lei que
rasgue o verbo
e encaixote
o sólido e
o líquido
ou feche fronteiras
de ser ou estar
em um
e todos
os espaços
quando penso
e expando
as direções
e vejo imagens
enquadradas
desta
e de outras
eras
que não
acabaram
no final

Para Renata Cavallari

28/05/22 2'49"
ain't got no, I got life – nina simone

juventude
exala notas
que pulsam
liberdade
e contradição
mas abrem
o caminho
pra ouvir
o grão
da criação
apaga
essa informação
na célula madura
e tatua
a intenção
do tempo
que escreve
em vidas
diversas
entre o sonho
e a realidade
que colidem
na memória
única
e vira coleção
no rolo
da vida

Para Lorena Saraiva

03/06/22 3'20"
budapest – george ezra

segue longe
uma pista
que alça voo
na imaginação
planta a vírgula
na história
que nasce pronta
espera por
ventos calmos
e um ponto
e vírgula
vence quedas
e destropeça fases
em busca
de paixão
acende um plano
expande o que
trouxe embrulhado
em atalho pontilhado
bem rente ao coração
sobe novamente
a escadaria
de vento
descobre
o ponto final
onde o brilho piscou
e o sonho despertou

Para Aline Bei

31/05/22 4'47"
volant (bonus) – sebastian plano

ah se você
soubesse
a dor que
me traz
o cavalo de Tróia
abandonado
na sala
ah que ternura
guardei
dos desejos
reversos
manchados
pela parede
ah os pontos falhos
que busquei
nas cordas
circenses
do centro
da mesa
e que dó
ver você
despencar
do teto
sem cinto
nem segurança
ah que bobagem
você trouxe
na bagagem
da estação passada
essa mala

que agora
carrego sozinha
sem alça
nem alma
pra me salvar

Para Vanessa Cadamuro

29/05/22 3'40"
exile – taylor swift, bon iver

amanhece o pensamento
brota a questão
de tempos desiguais
dos passos em falso
dos tropeços tortos
dos sons estridentes
da alma despedaçando
da tranquilidade falha
do encontro inesperado
do entreolhar acidental
dos passos alinhados
das respostas que garoam
no pôr do sol
dos cacos que se juntam
da andança de volta
na mesma direção

28/05/22 4'10"
exile – taylor swift, bon iver*

poema bônus ouvindo a mesma canção
enfrenta um leão
pra desviar
da falta
de coragem
e sensações
desiguais
que prendem
o movimento
de cada intenção
desiste
da vitória
pra carregar
o oponente
a tiracolo
que bravo
olha de canto
à espreita
de compromisso
e amizade
aceita a piedade
da derrota
e supera
o medo
de acender
o brilho leve
da contradição

Para Vanessa Cadamuro

28/05/22 2'47"
free – florence + the machine

pensa em ser
o que demorou
a encontrar
vence uma batalha
perdida há tempos
na glória
involuntária
da lembrança
desperta
na indecisão
entre pilares incisivos
e correntes quebradas
um rosto
sopra perto
reconhece
o brilho
que um dia
encantou
e hoje libera
um pingo
de lágrima
que chove
na base
e estremece
o vínculo

Para Aline Rosa

28/05/22 3'57"
cruisin – huey lewis, gwyneth paltrow

ventos
que rodopiam
mensagens
em garrafas
imaginárias
colorem
a consciência
removem
ruídos
despertam
a faísca
da criação
pra trazer
o sonho
na palma
da mão
e devolver
ao mundo
a novidade
ampliada
em intenção
respeita o tempo
e acha a resposta
pra vencer
a rotina
que dobra
cansada
a esquina
da repetição

Para Luana Rodrigues

28/05/22 3'45"
ainda há tempo, preciso me
encontrar – criolo e cartola

estendo meu apelo
com o coração
escancarado
no peito
pela despedida
inesperada
tão frágil
quanto o sonho
alinhavado
em linhas mestiças
e destinos tortos
parados na estação
errada
quando breve
cruzou
o branco
dos olhos
que iguais seriam
não fosse
o tom aguado
marcado pela
partida
de outro dia
e não sobrou
tempo
pra vontade
despertar
e a mão apertar
pro coração

palpitar
no ritmo sereno
até a última
batida

Para Vanessa Motta

28/05/22 3'57"
crash and burn – savage garden

atropelos
de uma vida
presa no fio
da calçada
ditam possibilidades
quando atento
ao alívio
de viver
à margem
e poder
sonhar
costura
o traçado
que perfura
o destino
e alcança
a realidade
que encobre
a memória
e tinge
a linha
colorida
que alinhava
a paisagem
enquadrada
no tecido
decorado
a cada
lição

Para Delza Assis

28/05/22 4'25"
decadence – paolo buonvino

vence a jogada
e abre a porta
pra outra fase
espanta
pra longe
a caminhada
embaçada
as repetições
em círculos
confusos
lembra
do peso
que trancou
atrás
quando cruzou
o portal
e acolheu
o espírito
na rota
de colisão
com o destino
desenhado
em sua mão
pinça
da caixa
de desejos
a liberdade
de pousar
um sonho calado
e descobrir

a realidade
lapidada
na intenção

Para Marcelo Palermo

28/05/22 2'43"
oblivion – grimes

a rota
guiada
pela onda
sonora
do coração
desperta
o tempo
de colher
esperança
e alegria
dos grãos
plantados
em outra
estação
nascidos
com a certeza
de irem além
da possibilidade
e trazerem
na bagagem
a imagem
do que
vão ser
quando
envelhecer
e virar
porta-retrato
na decoração

Para Douglas de Souza

28/05/22 5'03"
passover – joy division

garantia de
vida longa:
a memória
curta que
borboleta
um pensamento
no outro
de leve
e tece tempo
em tempo
derretendo
no embalo
do vento
que não repete
a curva
e não deixa
o vivente
perder
a inspiração
quando exala
um passado
áspero
e pede espaço
pra fazer
a ocasião
traçando
o caminho
de um ponto
ao outro
pela gota

dourada
da pílula
da retidão

Para @escritaparaotuos

28/05/22 3'22"
lake – roland faunte

transporta
a imagem
passada a ferro
em chão batido
na base
do sonho
vidrado
e emoldurado
no teto
do castelo
de barro
entre pilastras
de ferro
fundido
no fogo
da imaginação
e na memória
construída
na caminhada
que ferve
o espírito
e desperta
cores fortes
e tons de luta
pra decorar
o novo vitral
que emplaca
sem medo
a grande lição

Para Fernanda Formoso

28/05/22 3'00"
a seta e o alvo – paulinho moska

marca ruas
atravessa
em zigue-zague
espirala
o pensamento
que evapora
por poros geométricos
volta tantas casas
e suspende
a pausa
sopra
um tempo infinito
que laça longe
e traz pra perto
o colorido
da pipa
em dia nublado
acende
a fogueira
do fundamento
queima
pela rabiola
o que não entende
e decifra
a tua questão

Para Fernanda Gassi

24/07/22 3'05"
fitzcarraldo – the frames, glen hansard

vem o tempo
pra contar
os passos
do gigante
que acorda
distante
perdido
em pesos
que rondam
o pensamento
que lá longe
roubam a cena
e o chão
por que não
olhar acima
das nuvens
e do carrossel
de assuntos
confusos
e voltar
pro caminho
com a visão
acertada
pro horizonte
e o movimento
leve que traz
pro mundo
o poder imenso
de ser
quem se é

Para Natália Areia

03/08/22 2'22"
chinese fountain – the growlers

é uma faca
de mil gumes
feito caleidoscópio
de intenção
cartas voam
em círculos
chamando
a atenção
pra virar
a página
pegam
a rota
do coração
e fecha
possibilidades
com a escolha
certa
na mão
sopra ao vento
o destino
desenhado
pelos rastros
sinuosos
que moldam
a obra prima
final

Para @poeticosuspiro

17/02/23 3'07"
again – lenny kravitz

roda
da fortuna
um dia
após
o giro
que rodopia
a vida
de cima
abaixo
e escancara
ciclos
infinitos
pra virar
a página
e ensinar
a lição
a alegria
aos tropeços
a chave
que destrava
felicidade
inesperada
na perda
que dobrava
a esquina
desenham
a cena
que escapa
às mãos
e preenche
o livro
da vida

Para Claudia Cavallini

07/09/22 1'59"
sweet child o'mine – guns n' roses

é do tempo
que se pensa
pouco
e traduz
uma língua
distante
daquelas que
nem os anjos
conseguem
saber
o certo
e o errado
pra quem
então
é a versão
exata
que se apresenta
ao mundo
quando
muito
pegue
o bastão
da palavra
cifrada
e transforme
na espada
que traz
a verdade
cadente

Para Aline Rosa

**03/02/23 3'46"
who knew – p!nk**

solta
teu coração
me dê
a mão
e quando
longe
eu estiver
e do sonho
você
acordar
verá
que aqui
ou lá
irei te acompanhar
pra não
te esquecer
gravei
uma palavra
pra sempre
lembrar
esse símbolo
vou levar
e com você
deixar
a luz
e o riso
das memórias
a cada esquina
a te libertar
pra voltar
a caminhar

Para Cristina Wollenberg

23/01/23 2'56"
good as hell – lizzo

até quando
o pote
irá transbordar sem
a música tocar
e os males
espantar
abre a caixola
pra imaginação
se espalhar
enquanto viver
traga a carta
da libertação
no truque
dos dedos
e da alegria
na manga
de botões
dourados
que disparam
raios
uniformes
e gotas
de mudança
do humor
sereno
e da paz
sem fim

Para Fernanda Formoso

18/01/23 2'56"
fun out of life – madeleine peiroux

é régua
de se medir
acenos
insossos
e sentimentos
ásperos
daqui até ali
um tantinho
assim
uma pitada
de orgulho
a saudade
salpicada
o amor
em gotas
contadas
explodem
no caldeirão
de desejos
cintilantes
que anseiam
por uma vida
a mais
um sorriso
solar
que amanhece
a alma
capaz
de falar
e sentir
o que não
se escreve

Para Vanessa Motta

17/01/23 2'52"
ink – coldplay

sabe
o sonho
salpicado
de lágrimas
que brotaram
em outra
versão?
é fértil
a paisagem
que se molda
em águas
salobras
pela saudade
de outrem
que vive
assim
e assado
no coração
e na lembrança
engarrafada
pra guardar
juntinho
do altar
quando
a estrela
iluminar
o início
que se anuncia
do fim
pro começo

Para Renato Orlandin

20/01/22 2'25"
crash into me – dave matthews band

acende
a ponta
do lápis
que brilha
palavras
de abandono
e dos sonhos alvos
que desenrolam
o novelo
de desejos
mais puros
abre espaço
pro desenho
no tempo
da imaginação
solta uma pipa
colorida
e colhe o rastro
do amor
sem fronteiras
que vence
na medida
do coração
e acerta
o calibre
do grafite
pra contar
histórias
e fazer
chover
a certa
intenção

Para Vanessa Cadamuro

16/01/23 3'15"
pull shapes – the pipettes

é difícil
contar
as pétalas
caídas
à sombra
da vida
descompassada
é raro
medir
o sonho
despedaçado
escrito
em outro
verão
é tempo
de semear
cacos
e colher
a pintura
remendada
pra lembrar
de ver
beleza
e soltar
um risinho
quando
acordar
e fazer
valer
a pena
sem dispersar

Para Camila Ferrari

11/02/23 2'34"
disarm – smashing pumpkins

os olhos
fechados
enxergam
a contradição
do mundo
que abre
em sua mão
o ponto
inicial
alinhava
a questão
e expressa
a voz
costurada
em outra
estação
quebra
o nó
solta a rota
liberta
o fio
e também
a palavra
que desarma
a repetição

Para Alexandre Cardeal

07/03/23 2'18"
soldier of love – pearl jam

traz o novo
embrulhado
no manto
da vergonha
alheia
misturado
ao sonho
controverso
que se assemelha
à queda
à falha
que ruboriza
e afasta
quando
esquece
que somos
equiláteros
e o meu
e o seu
moldados
na mesma
vibração:
estenda
então
a mão
para
o sonho
continuar

Para Marcelo Palermo

13/02/23 3'17"
you want it darker – leonard cohen

sente
a brisa
leve
a companhia
que vibra
uma névoa
uma frase
quebrada
uma fase
deteriorada
sopra
ao contrário
pra enxergar
o túnel
final
esclarece
a frase
e o ponto
final
espera
dispersar
o vulto
grava bem
a imagem
na mente
que vaga
em outras
estações

Para Renata Cavallari

15/01/23 3'03"
creep – radiohead

abre o solo
com a ponta
do dedo
iluminada
rasga
o verso
pra cantar
no tom
do coração
espera
brotar
uma nota
depois
da outra
e espelha
a sinapse
que pulsa
na certa
vibração
o acorde
desperta
e dedilha
intenção
pra acordar
forte
e espalhar
o som
que liga
eu e você
na multidão

Para Renata Cavallari

15/01/23 3'03"
the great gig in the sky – pink floyd

sombras
que passam
a iluminar
o chão
o ladrilho
o impulso
de caminhar
um dia
após
o outro
encontrando
respostas
pra cada
indagação
é pra ser
ou estar?
quando
vejo
você
espalhar
luz
na escuridão
venço
a sorte
e conto
meus cacos
pra história
de superação
e a vontade
que parte

desatinada
e descortina
o medo:
caminho
livre
na nova
estação

Para Renata Timoteo

**14/02/23 2'36"
baby – os mutantes**

sonha
um tempo
doce
de algodão
solta
a ponta
do balão
vê longe
o que sente
de perto
a essência
que se funde
e explode
pra recomeçar
em outro
tempo
e virar
o ciclo
no alto
e também
no baixo
aprendendo
a viver
sem olhar
o calendário
sem olhar
pra trás

Para Fernando Velloso

16/02/23 4'00"
roundabout – yes

sonha
no preço
que não
pode
comprar
em milhões
de tentativas
cansadas
quando
a alma
salva
um tempo
pra economizar
palavra
e falar
o que bem
entende
com o
coração
escorre
uma sílaba
e acerta
na entonação
faz fortuna
que não
se mede
em moedas
de ouro
mas que reluz
na eternidade

Para Stephanie D'Elboux

20/03/22 4'53"
onde o jaguar espreita – advan haschi

interrompe a fonte
da juventude
presa à falha
de um segundo atrás
impede o fluxo
da vida
pausa e petrifica
a medusa
refletida por engano
no espelho da alma
vibra pequenininho
e acende uma gota
iluminada
pra encerrar o feitiço
e voltar a brilhar
gigante
desfazendo as pedras
em pó
e caminhar breve
com o espírito
pulsando
em suas mãos

Para Raquel Xavier

**16/02/23 2'19"
one day – matisyahu**

entre
mundos
casados
no contexto
desfigurado
sobra
a alma
quebrada
em mil
estrelas
empunha
a palavra
que constrói
casa
temporária
em lar
eterno
escondido
em cada
grão de
pensamento
que corre
em faísca
e incendeia
a existência

AGRADECIMENTOS

agradeço ao meu marido Renato e a minha filha Stella que conviveram com minhas dores, alegrias e, principalmente, acompanharam a descoberta na escrita de poesia. um agradecimento especial aos meus pais e irmãos que me deram raízes e asas para chegar até este livro.

agradeço àqueles que me incentivaram a embarcar na jornada da publicação e que, mesmo sem saber, não me deixaram desistir: Flávia Iriarte, Andreia Monteiro, Guilherme Tolomei, Stephanie D'Elboux e Claudia Cavallini.

agradeço a cada uma das pessoas que me seguem pela rede social e que se identificaram com meu trabalho. àqueles que gostaram tanto do projeto e que fizeram parte deste livro me indicando canções: Cristina Wollenberg, Fernando Velloso, Renata Cavallari, Vanessa Cadamuro, Aline Rosa, Luana Rodrigues, Vanessa Motta, Delza Assis, Marcelo Palermo, Douglas de Souza, @escritaparaotuos, Fernanda Formoso, Fernanda Gassi, Natalia Areia, @poeticosuspiro, Camila Ferrari, Alexandre Cardeal, Renata Timoteo e Raquel Xavier.

obrigada à querida Aline Bei, para quem contei sobre meu processo criativo e este projeto, por me sugerir uma música para o Lado B.

e muito obrigada, Simrat, pelo convite inusitado de escrever a partir de uma canção. isso me trouxe para a realidade poética — e tão concreta — que se formou diante de mim.

a todos aqueles que estiveram lá por mim.

obrigada.

SOBRE A AUTORA

Adriana Simão é formada em Sistemas de Informação pela Universidade Mackenzie de São Paulo. Trabalha com números, mas seu amor é das palavras.

Desde criança, usa a música para se concentrar, estudar e relaxar.

Cria da geração MTV, gravava videoclipes e entrevistas em VHS. Também se tornou fazedora de *playlists* em fita K7, esperando, às vezes, horas pela canção favorita na rádio e até dias pelo *setlist* perfeito.

Em 2021, descobriu o que sempre soube: a música desperta nela palavras sensíveis e poemas audiovisuais.

Em 2022, se tornou autora *best seller* na Amazon com seu *e-book* 'Tempestade de Som e Fúria', que ganha versão impressa e estendida pela editora Letramento em 2023.

PLAYLIST

aqui você poderá ouvir todas as músicas que serviram de inspiração para o Lado A e o Lado B deste livro.

- editoraletramento
- editoraletramento.com.br
- editoraletramento
- company/grupoeditorialletramento
- grupoletramento
- contato@editoraletramento.com.br
- editoraletramento

- editoracasadodireito.com.br
- casadodireitoed
- casadodireito
- casadodireito@editoraletramento.com.br